edition suhrkamp 2005

Als literarische Entdeckung des Jahres 1995 ist Marcel Beyers meisterhafter Roman *Flughunde* in Erinnerung. Die imaginative und dokumentarisch genaue Akustikgeschichte des Nationalsozialismus überzeugte nicht zuletzt durch ihre rhythmische Prosasprache. Konsequent legt nun der Erzähler (und nebenbei: Musikkritiker) Marcel Beyer sein erstes Buch mit Gedichten der letzten Jahre vor: *Falsches Futter.*

Das wahrnehmende und erinnernde Ich wird zum stöbernden Spuren- und Stimmensucher in der Gegenwart, zum Ohrenzeugen an Herrentischen, zum Protokollanten einer Geschichte vom Wien der dreißiger Jahre bis zum letzten Schlachtfeld des Zweiten Weltkriegs vor Berlin. Das *Falsche Futter* der Weltanschauungen bleibt gegenwärtig, wo die Gegenwart noch undurchschaut mit der Vergangenheit verbunden bleibt. Zwischen den fotorealistisch scharf geschnittenen Bildern dieser Gedichte, die das Bedeutsame im alltäglich Kleinen finden, liegen der eigene Herkunftsort und die Funde in der Familiengeschichte. Ein blinder Fleck zu Anfang noch, aber im Gang durch Geschichte und zwischen Orten klären sich in den drei Abteilungen von *Falsches Futter* die Konturen, gewinnt der biographische Blick Tiefenschärfe.

Marcel Beyer, geboren 1965, lebt in Köln und Dresden.

Im Suhrkamp Verlag erschienen sein »außergewöhnlicher Romanerstling« *Das Menschenfleisch* und der Roman *Flughunde.*

»*Flughunde* ist für mich eines der eindrucksvollsten Bücher über die letzten Kriegstage.« Hellmuth Karasek im ›Literarischen Quartett‹. Es wurde mit dem Uwe-Johnson-Preis 1997 ausgezeichnet.

# Marcel Beyer
# Falsches Futter

*Gedichte*

Suhrkamp

edition suhrkamp 2005
Erste Auflage 1997
© Suhrkamp Verlag Frankfurt am Main 1997
Erstausgabe
Satz: Leingärtner, Nabburg
Druck: Nomos Verlagsgesellschaft, Baden-Baden
Umschlag gestaltet nach einem Konzept von Willy Fleckhaus: Rolf Staudt
Printed in Germany

2  3  4  5  6 – 02  01  00  99  98  97

# Falsches Futter

I

## Die dritte Person

Du gehst zum Praterstern, ich geh allein
wegen des fahlen Lichts zur Donauinsel,
im Hochsommer, im Winter du. Wegen
des Lichts: Ich frage nach der Kälte dort
in deinem Sektor, jedoch die Flocken fliegen
nicht, die Luft, die Wolken zwischen Ring
und Josefstadt. Ortskundig jeder, doch
Sektorengrenzen lassen sich nicht übertreten.
In welchem Sektor liegt die Donauinsel, wo
unter freiem Himmel in der Hitze Lichter
flackern. Ich frage dich nach diesen Ketten,
du hörst es nicht, du steckst im Winter, und
es bleibt ungeklärt, aus welchem Sektor
jene Wurst stammt, zum Kaffee gereicht.

## Blondes Gedicht

Herr Ober: Ihre schwarzen Schuhe,
Anzug und Krawatte. Ich leg der Stimme
etwas Blondheit auf. Zückt er die Börse,
glänzt das schwarze Leder. Herr Ober steht
bei Tisch, ein Auge wackelt, abgedreht, ein
blondes Auge. Das Oberlippenbärtchen
schimmert grau im Rauch der deutschen
Zigarette. Ich hätt gern etwas von der
schwarzen Torte. Ich spreche laut und
deutlich: Und einen kleinen Schwarzen bitte.
Ja, der Herr. Auf Absatz umgedreht. Ich hör im
Kopf die Sprache, wovon die Mikrophonanlage
deutlich macht gestochene Akzente. Am
Nebentisch nickt Josef: Dies ist die
Sprache Gotens und Holunderlins.
Gefährlichstes der Güter. Derweil,
gestochen mit der Gabel, aus Biskuit
der Torte ein wenig roter Zähfluß
wird gepreßt.

## Kirchstettner Klima

Laut lese ich, das Glas des roten
Göttweigers nah bei der Hand, SITZ
BLONDIE! Derweil ein abgetrennter
Bissen des Brotes mit gekochtem
Schinken mir an den Mund geführt:
Der Wald steht wie ein Wächter, ein
Plausch nun über Bäume. Derweil laut
lese ich, das Glas des weißen Meßweins
nah bei der Hand Josef IM BILDE: Jetzt
Josef, blankgewichst die schwarzen Stiefel.
Derweil zermahlen meine Zähne Gurken, Ei,
Pastete, Käse. Der Dichter in der Landschaft,
STEIRERJOPPE und: BLONDIE LAUF! Die
todesnahe Einsamkeit des schöpferischen
Menschen: Jetzt, Josef, hebt sich leicht der
Wind, nachkoloriertes Wolkentreiben. Derweil
den Erdäpfelsalat ich auf der Zunge spüre,
nachkoloriert Schluck Weißen, und ich lese
laut: PLATZ BLONDIE! Es ist Zeit zu rasten,
jetzt, Josef, schau nicht, wende dich und
schweig. Derweil Salamischeiben,
verziert mit Majonaise, hier verschwinden.
Die Frau des Dichters aber schreibet leise
mit der Maschin unübertrefflich Volkes
Speise. Noch letzte Kapern, eingelegte
Paprika ich runterspüle. So hab ich aufgeräumt
den Trümmerhaufen. Zurückgelehnt nun les
ich laut und deutlich: BLONDIE FASS! Der
Stilbeziehungen. Im Gegenlicht jetzt Josef,
nah bei der Hand die Zigarette. Im Gegenlicht
blinkt am Revers, schau nicht, die runde Plakette.

## Im Volkston

Der ganze Prater eine einzige Flamme.
Ich will ich muß ich will jetzt weg von
Wien. Mit SCHÄDELWEH, ich wende mich
nach Westen. Derweil der MITZKA WALTHER
sendet aus ins Reich die Fragebogen, auch Josef
(Polaroid) empfängt die Post. Im Zug, drei
Wochen, zwischen Kälbern Ochsen Hülsenfrüchten,
nach Norden, KOPANGST. Motze mich auf als alte
Schachtel, das Haar verklebt, auf Stock
gestützt und STEIRERJOPPE, nachdem mir
folgendes: GIs bei Regensburg, zwei schöne
Burschen sind vom Jeep gestiegen. Wie
sprichst du heut, zerschossner Kiefer, wie
schreibst du's auf, die Finger liegen hinter
Brieg. Und ich, mit KOPFBEIN, zwischen
ihnen eingehakt quer übern Marktplatz, um
auf die Hobelbank gelegt zu werden von
den Gentlemen. Ich bitt dich, Deutscher,
sende deine Wörter, wo du auch stehst,
mit abgefrornen Ohren. Dann mußte ich
Erdäpfel schälen. Wohin mein KOPPING
treibt durch Trümmerhaufen weiter mich.

*Kalbsdeutscher Rauschzustand*


HOCHDEUTSCH ich stolpere übern Eisentritt,
gruftdunkel, Grabenkoller, lieg und blättere,
Soldatenbücherei Band 79. Ob auch ein
Buchstab nur das nervenfeuchte U. Das I
zwischen den Beinen lange nicht benutzt. Das
E darunter hängt dreiviertel abgefroren. Und
über mir die schwarze Luft und dröhnt. Die
A's und O's der Nebenmänner. Derweil das
Blättern HOCHDEUTSCH reg dich! Es wär, ganz
Mund, als Mann verkleidet, etwas zu entdecken,
ECHT RUSSIN, Hose runter. Liegen bleibt. Ich
stehe wieder, schaue übern Rand ins
Dunkel, Wiener Brevier mit Daumen
Zeigefinger aufgeschlagen. Da, unerwartet,
gewittert es von gegenüber, flammenzüngig,
aus einem Lauf. Das Buch klappt zu. Es
sind die Laute alle nun zu hören, zitterndes
Tirili, das aus der Leiche quillt. Dann
ist es schon vorbei HOCHDEUTSCH. Und
alles übertönend der LEOPOLDI HERMANN
quetscht, über Rot-Weiß-Rot,
Powidltatschkerln aus.

Bei Fuß! Hier Josef, in den schwarzen
Stiefeln. Es sticht die Stimme zwischen
Schläfenbeine. Noch vor dem Anschluß
rezitiert: DIE WIR DICH SPRECHEN. Die
Pfoten lege ich ihm auf den Schoß. Und:
SPRACHE UNSER. Die Zähne blecken, jetzt
vibriert der Schädel. Und DEM DUNKLEN
DUNKLES. Josef in der Hocke, vor Panorama:
Sturzbach, Weide, Holzverschlag. WIE RAUNT,
bzw. letzte Worte, ATMET IN DEINEM
LAUT. Ich winsle, kratze an seiner
Steirerjoppe. Ein Hecheln jetzt, bevor
das letzte Kreuz gemacht. BLUT EINE
LETZTE LUST. Jetzt austreten. Jetzt
schließe deine Augen. So geht die
Klage (Polaroid), unscharfe Zunge
(meine) hängt derweil. Das Herrchen
unscharf an der Schläfe Kreuz markiert.
Jetzt Zähne aufeinander. Die Ohren
abgedreht. Da Josefs frisches Hirn
das Fell verklebt. DU NENNST DIE
ERDE UND DEN HIMMEL: (…)!

## Angst vorm Schlafen

Lebend gelegen, noch. Die alten
Hefte: bartloses Kind, mit Neun,
Neunzehn Null Eins, Hyrtlsches
Waisenhaus. Höchstens Gesänge,
volkssprachlich, in der Messe.
Du rollst das Faß zum Wagen,
reichst es an. Scheuklappenblick,
Fixierung, bleib im Schatten.
Halt Abstand vom Gespann. Das
lernte ich dort. Später selber
Kutscher. Zusammengekauert auf
beschlagenen Pfannen wärmen sich
Tauben auf dem Dach, bei Niesel,
eingehüllt in Hopfendampf. Störungen
hier, Gesänge. ICH BIN DIE MORPHINISTE.
Die Hefte, langsam. Schnell Josef
komm herbei. Gaul kippt zur Seite
weg, im Hof der Tante. Mit Bottichen,
das Blut für Würste darin aufzufangen.
Animalisch. Das schäumt, das wiehert
noch. Des Lesens mächtig, bald. Die
Heftchen, Landser. Sahne-, Joghurt-
salven schießen in die Flaschen. Da
gärt es. FÜR TRÄUME KOMMEN MÖGEN.
Die Glieder schwer. Die Hefte, alt:
Muskete. Maturakurse endlich, DER
LIEBLING DER SAISON. Kohorte,
Ottakring. Verbindungsmann bis in
die Vierziger. Die Dosis schwankt.
Jetzt mag er kommen, der –

## Ein Photorealismus, Picknick

Ein letztes Hotdog seh ich, durch verschmierte
Scheibe, jemanden verspeisen, die Augen
flackern, meine, Spiegelbild, vorbei an
Glanzpapier, Karlsplatz, Standphotos, Zeitungs-,
Nervenständer, ein Opa widmet sich der
Core-Lektüre, derweil aus dem Transistor
Charlie Parker dorisch hallt, zur U-Bahn
runter, Bebop, Feuchtfilm SCHARF KONTURIERT
der Zeitungshändler, letzte Zigarette, spricht,
Passage schon gefegt von Sandlerin, die jeden
Abend SCHARFE KONTUREN Baß und HiHat ziehen
ab, derweil der Opa schaut genau und blättert,
um kurz vor Elf die Unterführung leer, jetzt
peitscht der Opa sich, jetzt peitscht auch
Charlie Parker zwölf Takte noch mit Hand in
Hosentasche unauffällig einen ab, derweil
Verkäufer schon die Brust-, Anal- und
Augenbilder stapelt, juckt sich synkopisch,
jetzt das Saxophon bald freejazzartig an den
Lippen klebt, zieht ruhig, bevor das Thema
Bläsersatz nun wieder angesteuert, die warme
Hand KONTUREN SCHARF aus seiner Hose, im
Hintergrund sehn wir zwei Jungen und
ein Mädchen, das Radio aus, ins
Damenklo »MAN MUSS SICH BEEILEN,
WENN MAN NOCH EINEN HOCHKRIEGEN
WILL. ALLES VERSCHWINDET.«

*Brauwolke*


Ein Wärmebild: das Brauereipferd,
ich, das braune. Die Statur.
Die Mustergärung, Wolke, nur.

*As A Wife Has A Cough*

Zugesehen habe: Almauftrieb, eingleisige Strecke,
ganz kleine Station, jeder Zug hatte an dem Tag
drei Waggons mit Vieh angehängt.
Die waren verschraubt.
Damit die nicht trampeln.
Schienen alle verschnupft.

Gesehen habe: vor dem Fenster die Schilder HIER
NICHT AUSSTEIGEN, wenn da einer drunterkam
VIEHTRIEB sah es schlecht für ihn aus.
Und dann machte der nur ZACK PLOPP.
So machten die das.
Das war am dritten Oktober.

Gesehen: Ration Aktive reingepfiffen.
Zwischen den Stäben durch.
Kam der eisige Atem.
Das stank natürlich.
Unten sickerte es schon.
In den Schnee.

*Bauchwelt*


Am Würstelstand um eine Zeit,
da der Nachmittagsspielfilm bereits
angelaufen ist in dunstiger Kabine.
Stumm schaut die Braterin die
Alpenleibchen an. Oder die Leder-
kracher, Schnürbund, braun-
gebrannten Unterschenkel. Die
eigenen Zwanziger stecken in
deinen Knochen, um eine Zeit,
da eine Temperatur die andere
ablöst. Die anderen Zwanziger
stecken abgebrannt in Knorpel-
teilen oder Bäuchen, der unvergessene
Krenek, der Skandal im Achtund-
zwanzigerjahr, der Johnny unvergessen
und das Schwarz im Bühnenbild.
Die eigenen Zwanziger, abgegessen,
und wie der Mittag sich verschärft
bis in den Abend. Noch einmal
wischt die Braterin mit abwesender
linker Hand einige Spritzer um
die Feuerstelle auf, um eine Zeit,
da eine Lage Burenwurst ins Schwarz-
verbrannte umzukippen droht.

*Bitter mit Hand*


Bitter mit Hand. Zottiges auch.
Soweit die Erinnerung reicht, immer
zwischen den Beinen. Konnte
gar nicht genug tun an Streicheln,
Erzählen … Auch saufen.
Die Bälger. In Fleisch und
Blut. Immer zwischen den Beinen
herum. Bitter mit Hand. Die Wäsche.
Machte mich sofort ans Bürsten
und Striegeln. Bitter mit Hand. Auch
die Zigaretten. Selbst mit dem bösartigen
Stier des Nachbarn. Zwischen den Beinen
herumgekrochen. Immer. Doch nie hat
ein Tier mich geschlagen, gestoßen
oder gebissen. Bitter mit Hand. Zotiges
auch. Das waren die frühen Jahre.

## Junge Hunde

Ach, die Gutgebügelten, junge
Luden am Nebentisch, trinken
das Panzerpils und tauschen
Herrenheftchen. Einer wirft beim
Aufstehn die Flasche Bier um,
schmiert dann, nach und nach, ein
ganzes Paket Tempos über den
Plastiksitz. Kurzschnitte, und
Pomade. Totes Büffet. Im Jungsklo,
schöne Teile. Ein alter Glatzkopf
zupft sich etwas von den Lippen.
Humer-Bursche. Geschlipst. Gewienert.
Junge Hunde. Fickriges Blau. Im
Klappergang, Wien West, verschwitzte
Gürteltiere. Rauch schneller, Lude.
Ohneservice. Vielleicht Ein- bis
Zweihundert, in Randbezirken,
Arbeiterbeisln, Siebzehnter. Trotte
im Regen, aus einem offenen Fenster,
obere Etage, Dampf.

## Im Hotel Orient

Wir sind gepuderte Gestalten
auf Polstern in der Sitzecke
halbdunkel, schwarzer Samtverschnitt.
Das sind die wahren Etablissements,
Männer im Unterhemd öffnen die Tür.
Ich bin jedoch nur Augen- / Ohrenkunde:
Gibt es das Räuspern noch? Das Schnupfen?
Das Verhören? »Die waren hungrig«, nachts,
im Nebenzimmer, spät bis Drei.
Und wir sind traurige Figuren
am Lacktisch, Nachtgespräch.
Augen, halboffen. Frisch rasierte Schläfen:
Gibt es das Flüstern noch? Das Rauchen?
Spiele die Koksnase: das mitgegangene
Tütchen Zucker, SANTORA, vor dem
kalkfleckigen Spiegel inhaliert.
MAXIM FUTUR-Spiegelung: Gibt es
das Schlucken noch? Und stehe da
wic aromatisiert: heiß, holundrisch
und schwach.

## Die Geheimfigur

Dort, wo die Lippizaner schlafen,
bei offenen Fensterflügeln, redet
die Geheimfigur. Als angewärmte
Pferdedecke. Mit Punschvisage,
Krapfen, die Geheimfigur am
Vorabend, in Putschangst, nah dem
Umkippen. Heimwehr, Büffetkraft,
prüft ständig, wo die Ärmel hängen.
Hier raucht die Geheimfigur: Wird
die angebrochene Schachtel für den
Abend reichen? Es gibt so Nächte,
deren Aufmärsche (Tirolerhüte,
wetterfest) einander gleichen. Mit
aufgeputschter Nase. Nicht in der
Lage, die Parade abzunehmen. Ende
des Pferdes. Auf der Ringstraße:
die Kavallerie (Alarmtruppe) schlägt
um das Parlament ihr Biwak auf. Im
Feuerschein. Zustand, gefackelt, letzte
Warnung. Dort, auf der Gasse,
verschwindet die Geheimfigur.

*Der Beifahrer*


Der Beifahrer ist höchstens noch
zum Kartenlesen zu gebrauchen.
Nur in der Nacht, wenn er dann
schneller spricht. T-Karte, Urstromtal,
zu späte Korrekturen. Orte genannt.
Der Beifahrer muß rauchen, der
nicht viel vom Herbst versteht.
Die Havarien, in einer Reihe junge
Mofafahrer, Rotlicht, Schulterschlag.
Ein Zeitungsmann mit Turban schreitet
den Mittelstreifen ab bei fließendem
Verkehr. Östliche Richtung. Knopf
zum Scheibenwischen. Erkennst du
Gärten? So tuckert das Gefährt.
Der Beifahrer schläft ein inzwischen,
ich halluziniere: Sie marschieren uns
entgegen, Oberkörper frei. Langsam
der Straßenrand, die Fahrerin hält an.

## Verklirrter Herbst

Der Funker: »Ver-.« Gewaltig endet so der Tag.
»Aufklären.« Sie hängen in den Leitungsmasten.
»Bild an Bildchen. Melden.« Die Drähte brummen
sonderbar. »Hier Herbst.« Hier Einbruch. »Hier
Verklirrtes.« Die Toten, statisch aufgeladen.

Der Funker: »Melden.« Da sagt der Landser: Es
ist gut. »48 Stunden in diesem Loch.« Beinfreiheit,
Blickangst. Und jemand flüstert: Sie sind heiser?
»Falls wir jemals wieder raus.« Das Bahnsteigklima
bringt mich um. »Noch.« Die Viehwaggons
auf Nebengleisen. Wurstflecken.

Der Funker: »Aber selbstverständlich, du willst es
eiskalt, Junge?« Ein Zug fährt an, den er besteigt.
»Da wird dein Hals aber kaputt sein, morgen früh.«
Scheitel, gebürstet. Nah dem Verteiler, sieht er,
sprühen Funken. »Junge, du willst es eiskalt?« Ganz
spezielle Rasuren. Scharmützel. »Leich an Leiche
reiht sich.« Ausrasiert. »Flackern.« »Hinterköpfe.«

*Stambulia*

Hier, und keinen Schritt
weiter: Die Front liegt
tief im Hinterland. Die
tragen Käppis rot wie
Feuer, und deren Zipfel
erst. Die zipfeln dir da,
bohnenrot, die Bohnen-
Daumen- Gaumenspalte,
alles weg, die rösten.
Quer durch das -dorf
verläuft die Feuerlinie.
Sind's Balkanhorden? Sind
es gar schon mohnversessene
Indier? Quer über's Pflaster
läuft die Linie: Hier ich,
und dort mein Feuertürke,
der sich im Flüsterton da
draußen an mich wandte,
nachts. Und automatisch
wurde dann zurückgeflüstert,
Vier Uhr und Fünfundvierzig. Und
feuerrot, bei diesen Temperaturen
kannst du's rösten. Bald
über Vierzig gibt's dann
leider auf, dann spaltet
sich's. Herr Ober: Hier flockt
mein Schlag grad auf der
Mokkadecke.

## In Fleischland

Hier: die Reimworte, Ekstase, Kunstkopfarbeiten. Auch das
Herz.
Der abgekupferte Schrittmacher, Nachtglast, eingeübte
Schritte.
Und wie die quieken. Oder sich erbrechen.
Wie die posieren in der Flakbeleuchtung.
Ja ja die Beine, und sonst keine.
Die Nacht muß warm sein, mit Nieselregen,
denn ihr müßt nackt sein, und die Haut muß weich sein,
das Haar muß feucht sein,
mit zwei Fingern müßt ihr hinters Ohr eine Strähne legen.

Hier: in Schüben, eingeschossene Teile in Wangen, Ohren,
Nase, Kinn.
Das muß man spüren, wie die sich erwärmen
unter Beschallung / Kreislauf Hochfrequenz.
Und wie der Grünspan, zerrieben mit den Fingern.
Ja ja die Beine, und sonst keine.
Denn zwischen T-Shirt und Hose muß ein Streifen Haut zu
sehen sein,
denn ihr müßt in den Wagen steigen, den Oberkörper biegen,
denn wo der Nabel, wo unbemerkt die Haut spannt,
denn wo die Rippen und das Rückgrat sich abzeichnen.

Hier: nämlich knüppeln muß man, knüppeln, eben nur solche
Bretter.
Die Tanzeinlagen, eingeschobene Handflächen zwischen
Beinen.
Und die eingelagerten Metallscharniere, -platten.
Mikrokosmetisch aufbereitete Knie und Kehlen.

Ja ja die Beine, und sonst keine.
Das Licht muß schwach sein,
die Flasche leer sein, die ihr aufs Kopfsteinpflaster fallen läßt,
der letzte Zug muß im Rachen brennen,
denn in den Bäumen, im Versteck von Blättern.
Ja ja die Beine, und sonst keine.
Ja ja die Beine, und sonst keine.
Ja ja die Beine, und sonst keine.

*Aus der Wienerzeit*

Und wieder weggeschlafen eine Nacht
erschossenenfalls, und wieder hinterher,
und immer wieder hinab gegondelt
die Margareten, die Maria-
hilfer und die Wiedner Haupt-

und abgeschlafen eine nach
der anderen (da träumst du von), die Haupt-
nacht, wölfisch, und hinab.
Am offenen Karlsplatz im
Gestänge abgeschossen, hinab
hinab, und abgewolft in tiefen Zügen,

fortgeschlafen eine nach
der anderen des Nachts (das träumst
du, Junge), und hinab die Wiener, Haupt-
schlafenszeit, und in der Weinstehhalle,
zwischen zwei Miseren hinab
ein Viertel nach dem anderen, und
Regen und das Rascheln einer Tüte,
da riecht es hundig, ein allerletztes
Viertel und hinab und im Gebrüll.

Und wieder niedergeschlafen eine Nacht,
nach einer anderen, und wieder
zwischen zwei (das träumst
du) Wienern (träumst
du, höchstens) hinab (das siehst
du nie) geschossen, und jedesmal (haupt-
sächlich) wieder (da siehst du
kein Land mehr) die Gondel hinab
gewürgt.

*Dämmerstreifen*

Ein Stückchen Film, von dem ich letzthin
dir erzählte, nur so ein Fitzel, abgeschabte
Retina: vor Tagesanbruch in den Bildausschnitt
rückt ein Verletzter, vom Blitz getroffen LEG
MICH SCHLAFEN JETZT und drücken ihm die
aufgeheizten Lider zu. Jetzt: ich als
Sandler, jetzt: ich liege im bepilzten
Laub und bleibe stumm und ungewaschen,
stehe nicht mehr auf. Die Tonspur scheint
gerissen, nur dumpfes LEISE! LEISE! Ein
stumm beklemmend Zwiegespräch mit dem
Projektor führen Hugos Finger, schleicht wie
ein Schatten, schneidet, klebt, ins Dunkel
stürzend:
          es zuckt am fahlen Himmelsrand,
ein Leinwandschaden? Ich rutsche auf dem
Kinosessel hin und her. Dann schon das
Morgengrauen draußen, wir sehn einander
an und haben plötzlich Angst vor diesem
blassen, übernächtigten Fremden:
                              da spüren
wir noch einmal, kalten Hauches, diesen
Geschmack auf unseren Zungen, etwas wie
in einem Vorfilm schwarzweiß, den wir
einmal erlebten, mit einigen fast
unbemerkt gebliebenen Dialogfehlern …«

II

*Froschfett*

Froschfett, in ausgereiztem Zustand, bis
auf die Ränder ausgekratzt und
brüchig, schwarz noch, aber nur mäßig

so strichen sie, Bert, Berta, Leni, Martha,
Walter schon in Jugendjahren, das Schuhwerk,
ebenmäßig, glänzten sie, und ausgereizt

das haftet, haftet nicht, aber der Balg schon
blank, gebrochene Fasern, halb Vorfahr ich,
halb Randfigur mit schwarzen Fingernägeln

und einen Halbsatz auf den Lippen, also an völlig
falschem Ort, so streicht man alle Zeit, wie
ich, hinweg, über das mäßig ausgeblichene Leder,

brüchig der Ton, so strich man eben noch, und
eben, mäßig laut, die andere Hälfte, so läßt man
stets das Leder fahren, das eingefärbte, schwach

und endlich dorthin, wo der verschmierte
Balg verschwindet, ich bin
nicht da, ich bin verstaut im Kasten.

## Falsches Futter

Am Herrentisch die alternden Gespräche,
»und gab zur Antwort: Aßen nichts als
Sauerkraut und Bohnen.« Allerbester Scherz,
privatsprachlich, versteht sich. Die
Zittrigen, die Skagerrak, die »Norwegen,
am Oberdeck, den zwanzigsten April, bei
Schweinekälte, der Rest der Kompanie
flog heim ins Reich, Berlin, und weg.«
Und wie sie inhalieren, jeder Atemzug
ein Luftalarm. Jetzt sieht man einen
schönen Hund vorbeispazieren, hinkendes
Herrchen auf dem Weg zum Klo kommt
nach. Sorgsam den Harntrieb austarieren,
Schritt für Schritt, gefährliches Manöver. Dabei
Büffetkraft abtaxiert. Stammkundschaft, früher
Mütterschreck, galantestes Parlieren. Gewisse
Seufzer eingeübt, gewisse Blicke. Hartes Training.
Die Klotür quietscht. Der schöne Hund am Napf
jetzt, er frißt falsches Futter. Beißzahn, Beißgeruch.
Dann schlurft das Herrchen schon zurück, hier
Schlachtschiff, schwankend, auf dem Weg ins
Trockendock. Der schöne Hund beim Garderobenständer,
er schnüffelt dort, wo sich ein Mann den Staubmantel
am Vorabend benetzt hat aus Versehen. Das Herrchen
ruft. Der schöne Hund pariert. Denn falsches Futter
schmeckt beizeiten, sofern es artgerecht serviert.

## Die flinke Kürschnerin

Die flinke Kürschnerin: Ausschließlich
Innennähte. Noch warm das frische Fell.
Dies, dieses mein Verhältnis. Pelzig,
innen, die Gewänder. Bis zur Unkenntlich-
keit. Aus Abschaumfetzen. Die letzten
Schnitte aus dem Modefunk. Welk, die
Haut. Gestrichen Richtung Hals, der
Kragen. Dies, dieses ihr Verhältnis
zum eigenen Körper hat sie mir vererbt.
Verbrecherisch. Und mit der Schere.
Wie sie mir zwischen die Beine schaut.
Das spürst du dann. Das ist der Abgang.
Ausgebucht bis '38. Verproviantiert. In
Todestragen. Speisen in Nowgorod,
getackerte Bekleidung. Sie sah die
Zobel flitzen, schneewärts, grell. Sie
verdaut nicht mehr. Erbricht alles, seit
zwanzig Jahren. Jetzt ledern. Und das
Leben

## Der frühe Zucker, Berta

Vererbte der Tochter Leni den Italienerblick,
die Wasserwellen, und gegerbte Haut.
Bärengeschichten auch, aus ferner Mundart.
Den Ofen. Warum ist hier kein Dragoman

für dies: Zucker, Zucker. Grundsätzlich
blickdicht, Stützstrümpfe, das Wasser.
Die Beine, ja. Haarnetz und Nadeln. Ein
jeder spricht ein eigenes Deutsch nach
seiner Abkunft, ich spreche es je nach

Façon. Luft und die Frage: Wie halten wir
das Schwere in der Luft. Der Sprit ging aus,
dem Sohn, über der spanischen Küste, Jahr
1937 abgeblendet. Den Himmel abgesucht.
Tierkreiszeichen, und abgeschossene Pfote.
Horch. Der Kerosingehalt der Luft. Irgend

etwas atmet man schließlich immer. Verbranntes
Wasser. Dann schwacher Tee und fremdes Obst
und Katzenzungen. Die Blenden runter, dunkle
Jahre, Geschichten, Bär, und Zucker, Laut.
Warum ist jetzt kein Dragoman in Hörweite?

*Leni, tiernah*


Leni im Finstern. Die Durststunde.
Im Dunkelkammerzelt. Leni mit Feldflasche.
Savannenluft kratzt dir den Rest der Stimme
aus dem Hals. Schmierfilm. Leni, im
Innersten: Hinkebein, alte Tankstellenbekanntschaft,
in Blitzmontur, Schnellschuß, die Spritzer, geölte
Partien, die glitschigen Hände am Overall
abgewischt. Abgeblitzter Anwärter,
verflossenes Photo. Leni mit Ölflasche.

Leni beim Blitzen. Mit Beblickungs-,
mit Belichtungsmesser um den Hals.
Leni mit Tropenhelm. Leni im Licht, korrekt
geschnittene Khakis. Leni am Schneidetisch.
Leni im innersten Afrika. Leni beim Züchten,
tiernah. Hier: wer nicht mehr ganz da ist,
der geht verwesen. Denk mal: Hinkebein, Tankwart,
bleibt in Berlin und bringt sich ums Leben. Hoppla, wir
filmen: Leni vor Sonnenaufgang, der Dolmetscher
linksseitig. Sprachkomfort, jetzt heißt es
auf die Hitze warten.

*Katzen Zungen*


Die Kinder saßen im geschnittenen Gras, das
hörte man. Hinterm Lamellenzaun, mannshoch,
früher einfacher Jäger-. Dort unten, schau: Wo
sie die Bäume mit der Krone
einpflanzen, dort mußt du anders
sprechen lernen. Man hörte das Herunterbeten
von Afrikaans Lektionen, von unten, von
tief aus dem Hals. Mit Katzen
Zungen weichgemacht. Ansonsten
alles schon vor Wochen ab in Übersee
Containern. Trophäen und Pokale, den
ganzen Hobbykeller voll. Nur noch die
Brustbeutel. Und alle frisch gebürstet.
Die Kinder leierten. Die Katzen
Zungen. Geschnitten, auch abgeschossen,
manche Nacht. Unter den Bäuchen war
der Boden schattig. Grasschneider. Mit solchen
Brüsten. Schau: Dein Fehler heißt Betonung. So
hörte man den Vater, Lehrer, der schritt zum
letztenmal die Katzenfallen ab. Der buddelte, das
hörte man, dort unten in der weichen Erde nach
Spezialkadavern. Trainierte dort mit der
Machete, Erinnerungsstück an seine
Sondereinheit. Mit offenem Hemd, das Halfter
scheuerte. Sind dann verduftet alle Mann
die nächste Nacht, das war zu hören.

## Erste Melkung

Wir vor Jerusalem, mit siebzehn Jahren. Im
Wetter wir, zu ebener Erde, und wir vor den
brennenden Aprikosenhainen. Wir, im
Siebzehnerjahr, dort wo Donner sich
mischen. Dort die Akkorde, und die Tenor-
freuden, Überrollkommando. Und wir verzerrten
absichtlich die Perspektive, in Hemdsärmeln,
über dem Duftgelände, in den Gesangstunden
in der Etappe. Unsere Formation an der Palästina-
front, die altvertrauten Namen. Die Übungen,
nasal. Die aufgeworfenen Lippen. Das war ein
Fett. Und ich verwischte mich. Der ganze
Tran. Wie der sich kräuselte. Schon als er
raustroff. In der Hitze. Und wir, wir kratzten
uns da die Gesichter weg. Nachher hatten wir
alle, wir alle einen Mund wie Kölnisch-
wasser, Angst. Siebzehn, und ebenerdig. Wir
waren Erde dieser Donner. Wetter. Und auch der
Aprikosen. Brennend. Die Haut gekräuselt und
geschmort. Am liebsten wollten alle
baden, wegen der Flocken in der Luft. Dort
in dem Lazarett in Wilhelma. Bin nämlich krank,
unter der Achsel. Ganz kleine Nummer, abgekaut
die Nägel. Bin jetzt im Fieber. Die Aprikosen
sind mir fremd. Auch führe ich keine Gespräche.

## Kairo

In Kairo, da waren wir völlig
erschossen, sandfarben,
gestockten Gesichts.
Kairo, das fraß uns die Haut,
mit wüsten Gebärden. Beim
Abschied, längst angesteckt. Bei
blauvioletter Beleuchtung, die
Sonne fiel weg. Auf
Kairohockern, Arme in Schlingen,
inmitten des Untergangs gruppiert
als ägyptisches Filmorchester.
Staubzüge, Atem-, die klingen wie
Kairo. Und mancher legt sich,
wie er es gelernt hat, zwei Finger
auf seine offenen Augäpfel. In
Kairo, da hörten wir Maultiere
kauen mitten im Krieg. In
Kairo, da waren wir heiser. In
Kairo, da hatten wir Fieber, doch
stieg die Säule nicht über
das Maß. Am Rand, in
Kairo horcht einer, zum
Abschied, ein Abgeschossener,
horcht in ein vergammeltes
Grammophon. Ich bin das,
heruntergeholten Himmels.

*Im Raucherzimmer, Virginia*

In einer Julihitze in den Kreis
der Ausgewanderten geglitten:
Ins Raucherzimmer, drüben
in Virginia. Mischtabake, und
-ehen auch inzwischen. Wir
in den Sümpfen, Julimond
und Mücken. Der Nachbar
rädert das Akkordeon, Joch-
beinmassiv, da pulst es heftig
an der glattrasierten Schläfe.
Blutmischungen werden
zurückverfolgt: Du auch Pfeil-
kreuzler? Nicht zu fassen! Und
Photos liegen auf: Ich und der
Onkel. Ich vor einem Gatter.
Die Damen schlürfen in der
Küche ihren Tee, Karpaten-
mischung: Die NEGERKÖCHIN
ist mir bald so lieb wie unser
BALKANMÄDEL damals.
Im Qualm liegt auf: Ich als
Erbkranker. Und abgetastet,
feuchte Fingerkuppe: Ich
mit Jodelgesicht. LOOK, WHAT
A BEAUTIFUL SS-LEIBERL. Aber
die Motten, ja, die Motten und
die Würmer. Und erst die
Maden (Sümpfe, Julihitze und
Südstaatenpolka). Man weiß halt
nie, wie lang man noch in diesem
Aufzug vor die Tür gehn kann, das
sieht bald aus wie frontzerschossen.

*Die Lichtscheu*

Dann ich im Torf, ein Vorstoß mit dem Schattenwerfer,
Birken, Verkümmerung, Wurzeln in klarem Wasser
und, verschwommen, ein Zitterfliegenschwarm bei
der Baracke, vom Rost verklemmte Loren, Schienen,
abgebogen, ein Netz von Rinnen und Kanälen, aus
diesem Areal das meiste abgeflossen, nachher läßt man
es ausglühen. Grasfresser, wer? Und: Fluchterfahren.

Wer? Die Mumienmusik, in Stotterfolge. Unter den
Hunden ist der Boden schattig. Das Laub fault schnell.
Die Bäuche beben. Die Brust. Die Körbe. Muß man
auseinandernehmen. Wenn man was sehen will.

Verwildertes. Dann ich im Abstich, unverdrossen, nie hätte
ich geglaubt, daß ein Gesicht wie dieses einmal wachsen
würde, mit wässerndem Mund, doch bei den Krüppelkiefern
fährt der Griff in Moose, Heidekräuter, beklommen,
                                                    Zitterblick,
man denkt nur immer, wenn die Stimme heller wird, so gegen
Sechs, bei abgetöntem Himmel, an die Moorleichen, die
abgesenkten, aufrecht eingelassenen Vorfahren.

*Tiergesetz*

Einmal, als er, vom Löschen
her, aus dem Kontor oder der Tiefe
eines Frachterbauches, eine Meer-
katze mitbringt, bleibt die nur eine
Nacht. Wegen des Kreischens,
Fauchens und Gardinenzerrens. Und du,

die Fremdgeburt (was gibt man dem
zu essen? Wassersuppe? Zwieback?
Oder den Trockenstrauß vom Nacht-
tischchen?): die Augen glühen, wie
einmal, als Delphine da waren, im Hafen-
becken Duisburg, leider nur mündlich
abgeschildert, Abendbrot. Durchs Fell
mit aufgeriebenen Fingern, Pranken, sonst
Kohlenstaub, verschleppter Rücken. Nur
eine Nacht, wegen der Rispen, die im Pulli
stecken. Verbeißt sich in die Hand, sonst
zwischen Säcken, Löscharbeiten (und:
wo soll es schlafen?). Das Glühen bleibt
nur eine Nacht, wegen der aufgekauten

Häkeldecke. Drei glühende Gesichter also (und
der Krach, natürlich, nimmt kein Ende), eins
stoppelig, eins flaumverloren, eines im Fell
mit fremden Augen, die wissen nie etwas
von Überfahrt, von Klimawechsel oder
einer Nacht nur, wegen des Kots, bananen-

farben. Das vierte bleibt (wegen des Räusperns)
unbesehen, ungenau, im Dämmer zwischen Sofatisch,

verglastem Schrankfach, roher Stubendecke, solch schwarzgebrannten Backstein siehst du nirgendwo, solch rußiges Gemäuer, das stetig absinkt Stück für Stück, selbst wenn du schläfst, dein Bett sinkt unmerklich (im Ohr, im schlafenden, die Stimme: Souffleuse der Stofftiere, die den Meerkatzenklang nicht einen zweiten Tag ertragen will), und morgens hast du die Blumenköpfe gegenüber noch im Fensterausschnitt, dann mittags nach der Schule, wenn der Großvater mit dem Affen wieder fort ist (wo? wohin den Pelzfreund führen, letzter Hand?), sind sie bereits entglitten, das siehst du nie mehr irgendwo so schwarzgeschattet.

*Schwitzwasser*


Herabgesprüht zur Dämmerstunde,
die Luke ging aufs Abraumgrundstück,
flankiert von immergrünen Pflanzen,
von Friedhofs-, Jenseits-, Totenblumen
lugte ich, mein Kopf hing unbeweglich,
die stachen nämlich.
Teilgelähmt zur Dämmerstunde,
der weggefressene Hals, im Untergang,
die Sonne hinterm Schotterhügel.
Das war nicht anders als in Meiderich,
wo die, im Dämmern, lautlos,
weggeputzte Kehle, Urgroßmutter
vorbei Jahrzehnte rausgeschaut in
eine Nachkriegslandschaft.
So saßen wir, und unbeweglich
jeden Abend, dunkel, still, nachdem
den Tag über die Stubenfliegen
hier erledigt worden waren.
Mit Haarspray, an der Fensterscheibe,
bis sie sich nicht mehr rührten und mit
verklebten Flügeln die Rinne runter-
schwammen, im Schmier-
film die Schwitz-
wasserrinne.

## Älteres Konfekt

Es hat wohl immer erst gedauert,
bis ich (auf Reisen, Gästezimmer-
Existenz) elektrische Geräte,
Talismane, Nippfiguren zu Hause
(Untermiete, Witwe, Krieger-) in
der Kammer (wo niemand hinkam, nie,
um nichts zu sehen: Damenbesuche?
Fraglich) irgendwo verstaut (und
nochmal angesehen vorher) habe.
Die Priapea (auf Reisen, asiatisch),
geschnitzte Vögeleien (auch Geschenke?),
Tennispullover, -schläger (habe selber
nie gespielt) und älteres Konfekt.
Heimpornos, offene Blusen, MINOX-Bilder
unbekannter Frauen (das war Station
in Regensburg. Hier Niederösterreich,
Tante im Schweigeorden, nebenbei
geknipst: die Brüste, voller Sommer-
sprossen, der Büffetkraft aus dem
Gästehaus). Lag an der Strecke.
Und Dinge, deren Herkunft / Zweck
niemand ergründen konnte: komplette
Aquarellausrüstung (unbenutzt). Und
auch am Ort (Zufallsbekanntschaft:
Photoladen), im Eiscafé, das
ältere Konfekt.

*Der tote Flausch*

Dort, wo, im blauen Samtanzug,
ein kleiner Junge steht, im Schaufenster,
zwischen Gesichtern, und schaut
in schäbiges Türkis. Nach Ladenschluß,
und die Beleuchtung ausgefallen,
daß nur das Straßenlicht die beiden
alten Männer, die Gesichter, eins
vernarbt, und eins mit aufgemalten
Zähnen, Plastikbart. Der reicht bis an
den Kragen, toter Flausch, der Pelzbesatz
verschossen, nie verkauftes Stück. Uralte
Mütze trägt der eine, denn Kälteres kommt.
Die abgepausten Herren, Menschen,
dazwischen ein hampelndes Kind,
einstmals, zu Lebzeiten. Was tust du da,
im Dunkeln, was machst du, unerkannt?
Und schöner Saum, und schlichter Schnitt
und Schritt, in fremden Wettern. Und
wenn du kommst, aus Dunklem, erkenne
ich dich, schemenhaft.

## Treue Tiere

Manche behalten ihre Kinderfinger
und fingern so im Dunkel, und
graben mit den Fingern in der
Holzschublade, geben eine Hand-
voll in die Apothekertasche.
Und manche, blaugefrorene Dinger,
schlucken: Schnüffeln zwei Igel
da, kaum zu erkennen, oder ein
Rattenpaar im Kampf?
Und manchem blaugefrorenen Biest
kullern Tabletten und Ampullen in
den Matsch, in einer Wildnis, nach
vergessenen Jagden: Eigentlich
guter Dinge, jedoch nachts

## Tag des unbeturnten Kindes

Das Kind, das seine Übung mühsam runterturnt,
mit rotem Kopf, gegen den Widerstand gelähmter
Glieder, mag niemand anschauen. Der Leib fällt
stets in eine schlechte Richtung, das taube Bein
glüht nicht tatsächlich, glüht nur äußerlich, da es
auf die genoppte Matte schlägt. Kein Anblick ist
das naßgeschwitzte Haar, durch welches Narben
schimmern, abgetastetes Ventil. Unschuldige
Zuschauer gibt es nicht. Nur hören mag man,
manchmal, dessen Zahnstand-, mutmaßlichen
Elternfehler, das Futz für Fuchs, die Alu-Foile,
oder – eigene Fehlreaktion – die Fitzbohnen zum
Mittagessen. Und eines, dem der Mond durchging,
im Elternkrach, der fahle Mond auf Nebelwiesen,
versucht sich, klaren Tons, am Zwiegespräch zu
dritt, mitsamt verteilter Stimmen.

## Beispiel Schwanz

Die sich ihr Nachtmahl stecken,
abgekehrt, wach, überschlagen.
Und Beine gibt es: ganz
zerstochen über Nacht.
Ein stechender Geruch
im Treppenhaus und pampig,
wie sie im Zimmer dort,
Wohnkücheneinblick,
am Abstelltischchen sitzen.
Die stecken sich gelassen
einen Löffel nach dem andern,
übernächtigt, Leiharbeit.
Und auf der Ochsensuppe
zuckt das Licht. Die Strahlen,
die sich irgendwo auf
einem Bildschirm zu einer
schnellen, kurzen Nackt-
fickszene (und Beine,
Beine gibt es) grad
verdichten lassen,
unbemerkt.

## Hilflos getönt

Manchmal sitzen Menschen in
geparkten Wagen, aufrecht, nachts,
doch im Vorbeigehen ist keine
Lippenregung zu erkennen, sie
nicht er nicht, sie starren
nur geradeaus ins Dunkel
Halbdunkel der schräg vom Licht
durchschnittenen Kühlerhaube, doch ich
im Vorbeigehen, niemand rührt
sich und außerdem: bei diesen
Scheiben nachts, doch ich, hilflos
getönt, ich weiß, da ist niemand,
das geht vorbei, zwei aufrechte, oder
zurückgeklappte Vordersitze, in meiner
Gegend: manchmal, nachts, niemand,
im umgekehrten Fall wären die
Knöpfe runter, wie ich, im
umgekehrten Fall, die Knöpfe
oben ließe, aber auf diesen Scheiben,
nie, hilflos getönt, glitzert ein Fleck
kristallisierten Atems, wie auch ich
atme nachts, deutlich und laut
bei den geparkten Wagen.

## Propagandist

Mit Flockenschal seit nunmehr fünfzig Jahren im
Frühjahrsschnee, und grau, und festgesetzt und
redend, selbst so, die Lippen, wenn einer weiß,

er wird beobachtet, schaudernd, dem geht es so:
Wo der Mensch auseinanderbricht, fügt sich das
Mikrophon, das umgeschnallte und das Einmach-

gummi, geschwächten Mundes und Kofferverstärkers,
erst abgesoffen, dann hervorgesaugt die Gurkenfetzen,
Spülwasser, und schöner Schaum und Saftvorrat,

und ausgelaugt, dann geht es so, selbstredend geht
es so: Die Zauberputzmittel, Gemüseschäler, edel-
stählern, der Blick erfaßt die Zone, und arm derjenige,

der ohne Zigaretten stirbt, am Straßenrand, oder
im Lüftungsschacht, das läßt sich kaum einmal
als Vierbeiner, als Taubenrest ertragen. Und selbst?

Kein Laut. So geht es gerade noch. Graupel und
Schauer, Lauge, ausgeflockt, im Frühjahrsschnee,
der Haltungsschaden, es bleiben noch die Kräuter-

fragen, seit nunmehr redend, so, schauend, denn
das genügt schon: Dem einen oder anderen Paar hinterher schicken den einen, den frei modulierten Satz

vom verschossenen Küchenhandschuh, redend und
selbst: Auf Wiedersehen, gehe jetzt, besucht mich
doch einmal, Wiedersehen, besucht mich auf Melaten.

## Wilde Milch

Am Morgen noch die schwachen Knochen,
Historie ist Landausflug, kalbsdeutsch, ist
die Weinheberlaune in Version: Einmal mit

Schlafsternchen, einmal mit scharfer Munition,
Historie auch dies: Das Haar wird struppiger,
jedoch die Nägel brechen immer noch, ist:

Sprechen nachts, benetzt, und nie mehr schlafen,
das läßt nicht nach: Die Haut-, die Lautfehler
beim Aufsagen des eigenen Namens und auch

die Wildnis fremder Lippen ist es nicht, Historie,
gefuttert wird nichts mehr, mein Handrücken,
verbrannt, mit weißem Schorf, die Knochen

sind es und das Milchgesicht, die -bilder: Am
Morgen noch davon gegessen, und schon am
Nachmittag besetzt mit blauen Polstern, ausgerochen.

III

## Dunkle Augen

In manchen Stunden werden meine Augen
dunkel, dann rase ich zurück in meine
Dunkelheit, bevor die ersten Worte
kamen: Am Gasthaustisch um drei Uhr
früh, dann rasselt etwas anderes im
Hals, dann liegt, im Gitterbett,
jemand, und seine dunklen Augen
starren an die Decke, weit zurück.
Und weiter noch, gegen halb Vier, die Augen
nachgedunkelt: Senf, der Grind in Fliegengittern,
Wiener, und stickig, über Land.
In manchen Stunden, Augenblick, Relikt: Das
Anstarren von Telefonen, nachts, im Sessel
abseits, eingehüllt, und Kabel stöpseln
sehen, warten, schwach, bevor
die ersten Worte kommen, dort,
zurück mit dunklen Augen.

*Der Festlandknecht*


Flußabwärts, dunkel beladen (mit Rucksäcken,
Keksgepäck. Schwellungen, Mücken) am
Achterdeck die Verschwimmenden, darunter auch
ein Matrosenanzug: Passage ins Offene, über
die Mündung hinaus, zeigt das an. Am Ufer der Boden
ist sandig, dort bröckelfest, Birkenbehang weiter oben,
die Kämme, frisch und gepreßt kommt der Ton des
Nachschauenden: Meinerseits immer nur Landfamilie,
nie fuhr einer zur See, und wenn doch einmal jemand ein
Schiff bestieg, Generationen zurück, gab es, wie überall,
keine Wiederkehr. Sonst Tunnelwesen, unterirdische
Gänger, oder in Ebenen festgesetzt, Festungen jedenfalls,
Ausgucke stets mit Verzögerung: Hannah Beyer, lese
ich, Tochter Josephs und Idas, erreicht Kleindeutschland
am 21. Oktober 1915, geht also jenseitig an Land und bleibt
dort, Lower East Side, bis an ihr Lebensende. Elbabwärts
die Panoramalokale, Kondensmilchgesellschaft, als
sprächen die Ab-, die Übergesetzten dort, lang
außer Hörweite gerückt, als rauchten, als gabelten
sie ihren Erdbeerbelag von den Törtchen, gleich
jener Halbwüchsigen, früh verstorben: Zum Zeichen
ihrer Existenz hinterläßt sie den Steckkamm, Perlmutt,
Kekston inzwischen, und den Biskuit, ein Teil mir
unbekannter, vorzeitlicher Gebäckmischung, heute kaum
mehr als solcher zu erkennen, mitsamt des Haarschmucks
unter einer Holzdiele ihrer Familienkammer versteckt, und
freigelegt bei Abrißarbeiten erst Anfang der neunziger Jahre.

## Hinterland

Im Dreißigerkeller mit Waschtrog und Stroh
und den ebenerdigen Fensterlöchern auf das
Hinterland. Hier haben die Nachbarn zur Probe
gesessen, mit den Kaninchen auf zitterndem
Schoß. Mit dem Trog und dem tropfenden Hahn
seit den Dreißigern, Musterkeller. Mit den Luken.
Dem Wehrgang. Und Stroh der Kaninchen im
Hinterland. Hier saßen sie zwischen Eggen und
Wendern und Harken und übten den Kreuzstich
im Dunkeln, bei Luftknappheit, Schutzhocke,
schummriger Blick. Wo bleibt jetzt das Blitzen?
Aber hinter den Luken, im ebenerdigen Hinterland,
über Kohl und Kartoffelbeet, über dem Drahtverhau
wegen Verbiß, über dem Birnengeäst draußen, da
flackerte nichts. Wo bleiben die Blitze? Wart ab. Und
einer der Nager macht sich an der Maske zu schaffen.

*Im Nachblitz*

Im Nachblitz scheint das Schlagen
von Metall aufs Pflaster heller, vor
Morgengrauen, lang ehe sie einbiegen
im Schritt, ohne zu schauen, die Berittenen.
Ihr Augenschein gilt niemandem, nicht
jener Blitzstirn, in einer Untergrundstation
erblickt, der Spalt nur spärlich überwachsen,
nicht diesem Rauch aus einer Toreinfahrt
in dünner Spur, dem Blitzschutt nicht,
den Sprüngen im Gemäuer.
Und still (ob sie noch unten in den Schächten
lungern? Ob auf den Dächern noch die Späher
warten, die Hand am Scheinwerfer,
nachwarm?) am Fenster, vierter Stock, dein
Blick auf Blitzbilder, verschossen, beim
Einbiegen, beim Pflasterschlag.

## Nachtfahrt

Nachtfahrt, die krustigen Kartoffeln, im
Halbdunkel bei rotem Himmel, wo mich
ein Wachmann abtaxiert, am Bordstein hin
um eingebildete Stimmen trauernd, ältere
Automatik weist den Weg. Ich aber habe
keine Augen, ich habe nur die Hand am

Steuer. Bin ich noch Mitte jetzt? Nachtfahrt,
getriebene, durchwachsene Kartoffeln, kein
Flecken ungepflügt, durchseucht, durchweg
geholzt, Tier, Gartenrest, sie haben hier, um
Notholz, bis an die tiefsten Wurzeln ausgegraben
mit gekrümmten Fingern, war alles Lichtung,
fleckenloser Himmelsblick. Im Fond die
Anverwandten auch, sie sprechen mit
gesalzenem Mund, von weichem Wasser,

blankgewischten Äpfeln. Nachtfahrt,
im Polster Wunderhaar und Zigarettenasche,
mit Fingern auf der Windschutzscheibe, fast
voller Mond zwischen den Wolken, ist alles
Lichtung, Salz, Kartoffel, Waffengang, Nachtfahrt,
am Straßenrand gefleckte Leiber, der Bordsteinblick,
die Fackelfragen, der Mond beschäftigt auch
die Anverwandten, ich aber habe keine Augen,
Finger, und sie meinen, es sei das Wetter,
doch ich halte es für einen Kalenderfehler.

*Paar Takte Musik*

Ja, sagt der KdF-Sänger (du bist hier
aufgewachsen, doch du weißt nicht, wo
Serviettenringe sind, wo Sicherheitsnadeln,
wie das Besteck sortiert ist). Du siehst die
Afrikamontur, die große Burenkrieg-Landschaft
mit abgewetzten Tressen, und, immer noch, das
aufgezogene Oberdeck-Lichtbild im Flur, darauf
ein Finger zeigt, nein, eine ganze Hand.

Ja, sagt der KdF-Tenor (höchstens das Keksversteck
kannst du erraten, immer noch, das weißt du, wandernd,
wie vor zwanzig Jahren), die Liegestühle und ein Mann
mit offenem Mund, du ahnst das Zäpfchen hinten, eine
Dienstpistole, du siehst die Seefrisur. Die Kraft gewiß
– paar Takte Musik – doch nicht die Freude. Die Fledermaus,
die Arien vor Tanger, und statt des Landgangs blieben alle
dort an Bord, dort an der Mole, wahres Morgenland, bis
in die Nacht gelauscht, der Himmel schwarz wie Kohle, bis
in die Nacht geschaut, in lauer Luft, nach dunklen Flecken,
flatternden.

## Lauscher

Es ist ein anderer Blick, anderer Mund,
den jene zeigen, die nicht mit Sechzehn,
also niemals, die erste Féte rotohrig
erwartet haben oder Tanzverbot.
Der Handschweiß schmeckt verschieden
und der trockene Mund galt anderem
seinerzeit als Blickverlust, verwüsteter
Stirn oder Glanz auf Nasenflügeln.

So ist das, was dem einen heute
Partymüll, dem anderen Trümmerfeld:
Das Notgeschirr, ein angebackter
Soßenrest genügt, allein das Knirschen
von zertretenen Flips, das kracht wie
Hölle. Andere Ohren zeigen sie,
doch sollten die erglühen.

*Jihad Klänge der Heimat*


Jihad Klänge der Heimat spielen sie
unten im Hof, im Dunkeln, wie jeden
Abend, der Nachthimmel hält dich wach.

Sie spielen die Kairocassetten, die hat
der Cousin mitgebracht, du bist bei den
Schatten, beim Gestern, beim Schweigen

von letzter Nacht, du denkst an bestimmte
Kekse, an Sofas, du weißt nicht warum,
denkst an ungemachte Betten, und siehst,

wie sich Wolken verlagern, du denkst
an Blaufilm-Attrappen, du bist bei den
schattigen Bildern, bei Seifeflocken und

Schnee, während unten die Klänge
verwildern, da der Cousin mit rauher
Stimme im Hof, vor der Garage, den

nächsten Durchgang mitsingt, was bis
in die vierte Etage, bis in die Schlafstatt
dringt. Dem Jüngsten steckt es im Rachen,

er beherrscht solche Laute nicht mehr. Was
sollen die Eltern machen, das Flüstern fällt
ihnen schwer. Ich weiß nichts von ihren

Gesprächen, nur von diesem kehligen
Klang. Der Jüngste hat keine Schwestern,
ihm wird die Nacht zu lang. Das Rauhe, das

Kehlige: Gestern war stundenlang Blickangst
und ein taubes Gefühl im Arm. Seitdem ist
die Taubheit geblieben, oder der Halbschlaf

bricht an. Sie spielen bis gegen Sieben, zwischen
den Häusern dämmert es schon, das Kind wird
bald weinend erwachen, es kennt keinen anderen

Ton. Sie spielen bis gegen Sieben, dann hörst
du nichts mehr vom Hof. Auf der Straße die
ersten Wagen, du fällst in leichten Schlaf.

## Sommerende

Trauriges Pärchen, das für seine
Samstagsnummer raus zu den Baracken
fährt, im Schrittempo. Ihr Blick sucht
die verdorrte Landschaft ab, die Hangars
auch jenseits des Stacheldrahts, und er,
vielleicht Vermessungsdirigent, denkt
nach: Im leeren Wohnblock, feuchten
Dunkel, hinter Spanplatte, verrammeltem
Fensterloch, wie manches Mal im Sommer?
In aufgelassener Pusztahütte, wo
Paprikaskizzen vom eingeschlagenen
Ladenfenster leuchten? Es bleibt den beiden
nicht viel Zeit, mitten im Sperrgebiet, bevor
jeder allein nach Hause muß, Kohlduft
im Zimmer, Sportschau läuft, Familie
wartet mit dem Abendessen. Gardinen
müßten abgenommen und gewaschen
werden, Kniest vom ganzen Jahr. So
lang die Luft noch lau, hier zwischen
Gräsern? So lang das Heidekraut noch
nicht mit Regen vollgesogen? Das matte
Gelb der Dolden, Wildgras, Staub, das
Grau der Tarnanlage im Verfall. Bleiben
wir kurzerhand im Wagen? Trauriges
Pärchen, das im Schrittempo, bevor
dieser September umkippt.

## Der Kippenkerl

I

Handzahm, gewiß, und selten
an den eigenen Lippen leckend
der Freilandraucher beim
Beaschen der Heide, Kradspuren
abwandernd, lichteres, lohendes
Gelände Spätnachmittag: Die Retina,
Nachkriegsmodell, dem Lichteinfall
folgend gerichtet, dann aber wieder
verdunkelt, Kappe auf das Objektiv
angesichts jener violetten
Streifen bei einer Birkenzeile weit
drüben, dem in das Land
gefrästen Horizont.

Sporen sind es vermutlich, die
ihren Ort wechseln, blaue, kaum
spürbar in bläulicher Luft, von
jenseits der Lichtung. Nachhall. Am
eingebrochenen Turm, Gefechtsleit-,
wo sie den Blech-, den Gefährten
im Ausguck postiert haben, lagern
die -kameraden nun Eisenpfeiler
mit Betonfuß, Restküche, Hausmüll
begrenzt, die Tablettenbriefchen.
Hier übten sie. Hier, abgewandert,
die Schießbahn Zwei.

II

Modellbaureste daneben, Grate,
Plastikteile zu einem Schuppen,
Vierkanthof gehörig, sondiert am
Rand jener Halde der Kippenvergeuder,
wegtretend, stets, in Erwartung: Schicht
um Schicht vordringend, handzahm
inzwischen auch menschliche Zähne
beiseite, die dritten. Rauchzeichnungen
im Halbdunkel, Glühbotschaften im
dauernden Denken an, vor Augen
Ziehen der Gefährtin, ländischer Gesang.

Und weiter, Sporen, weiß nun,
Schaumköpfe nach Blick, nach
dem Lichteinfall (im Frost noch,
Aprilmorgen, oder Oktoberlicht
mit Quitten) Puste- und Butterblume,
dann der letzte Zug, Wenck
kommandiert sein Kinderkorps,
hier übten sie, durchstreiften den
Wald, doch dann, auf dieser Lichtung,
Sperrgang, die Schießbahn Zwei.

III

Radstände, Spuren, entnebelt,
retinabewehrt ein Wegkippender,
schlafbereit, Wasser, Wasser,
Tablettenbriefchen. Im Wald Gefährte,
Heu- und KdF-Wagen auf toten Wegen,
Kinder am Rand, vom Bildberichter
untertitelt: Keksreste in Taschen. Die
Lungenschaft, die Luft-, bei seitlicher
Einstrahlung tieferes Beharken.

Auch Rieselfehler. Hier lagen sie,
geronnenenfalls, rumpfschwach und
kraftstoffarm auf Halbe hin gerollt,
im Frost. Erdlöcher, eingebrochen, Tümpel
jetzt, krauch- und verbergungsgerecht,
Triebe nährend, Schaftfarne, Dolden in
feuchter Senke, Löwenzahn weithin
gesetzt, Aschefeld und Projektil.

IV

Im Spätlicht der filternde, der
mit Rauchwaren bestückte
Nachzügler, in Erwartung, Stoppeln
und Qualm, der letzte Zug, jenseits
des Pförtnerhauses Backbetrieb,
Überlandfahrerstrich vor leeren
Fenstern einer Balkanstube.

Abluft. Ein Tankwart, Kamerad der
Nase, ortsgebunden und lagekartenfern,
Zeuge geheimer Treffen nachts, im
Wald, per Lichtsignal: Die Zigarette, und
abwechselnd ziehen, dann Dauerbrand,
vom Ostwind angefacht.

*Retina, Nachkriegsmodell*

Ob du bei Bretterbuden sitzt oder
vor dem Château (zu deinen Füßen
Wasserspiel, umspült die Welle kalte
Kiesel), mit Weidenhorizont oder
dicht bei der Tanzfläche, wo sich
die Wochenendkapelle abarbeitet,
Spanplatte, feucht, und durchgebogen,
schlechter gesehen, schlechter gesagt,
ob du im Halber Kessel steckst, mit
Käsekuchen, an der falschen Tasse,
Bildgepäck, und gehst, wo andere
gingen, oder ob du in harschen
Schnee fällst, nachts, Novembereis
an abgelegenem Ort, ob du ein Wort
sagst oder doch in Richtung Schachtel
Zigaretten zeigst, es bleibt dabei.

## Das kommende Blau

Sie löffelt Blau aus einer Tonne,
in der Farbhalle, russisches. Im
Nebenraum die fleckigen Papiere,
Öl und Film, Grußkarten, Erste
Hilfe-Bilder, Leitfäden in
gebläuter Schrift. Wir lesen
nicht, wir waten durch den offenen
Maschinensaal, wir löffeln mit
der Kehrichtschaufel Blau in einen
Kübel. Der Kragen steht, der Himmel
ungenau, im Lager, Wald- und
Sperrbereich fällt der Marinehimmel,
fällt frisches Wolkenblau in Placken
von der Mauer. Du löffelst noch, ich
wende Logbücher im Nebenraum,
flimmernder Schuh und blaue Hand.

## Wintergespräch

Im Schlaf, mit Hundehaaren. Du aber
tastest, wach, wanderndes Licht ab
zwischen Vorhangspalt und abgehängter
Wäsche. Abzüge in Kasernentönung,
nach Fiebernacht die ersten Worte. Du
fährst den Weg ab nach den Lauten, den
Schirm der Wintermütze, Schneemanöver,
unbekannt, eines Versunkenen, im Schlaf.

*Das künstliche Haar*

Du sitzt und schaust: Geheimnisse. Die
Gegenstände, ungesprochen, dem Wirt
selbst wenden sie sich nicht mehr zu seit
einigen Jahren. Im kalten Rauch, kälter
und kälter die Deko, die Decke, das
lichtwärts gewendete Topfgrün, bläulicher.
Bläulicher schimmern die Locken der
Wirtin, möglich, sie weiß noch den Grund
dieses Namens, Sibyllenort, heute. Heute,
der Wirt geht auf Softsohlen, das Haar
liegt auf Seite, kaum glimmend die
Lichtkette, Stimmung, auch bläulicher.

*Stille, die Moccastube*

Stille, und Möwen. Ich ziehe das
linke Bein nach, die Wochenend-
krankheit, die Augenklappe, das
Studio, künstliches Licht. Stille,
die Moccastube, die Möwen im
Grasland und auf den Straßen-
laternen, die blasseren Scheiben,
das rechte Bein nicht. Möwen,
die Stube geschlossen, die Werk-
statt für künstliche Augen, am
Ufer dreht jetzt ein kreischender
Schwarm ab, die dunklere Schicht.

*Mit Straßenschuhen*

Vom Schnüffeln reden, vom gelockerten
Besteck, verklebten Nasen auf der anderen
Seite, von Winterströmung, gelbem Schein
und Handtaschen, dem seltenen Gepäck.
Doch wie soll ich, in Unterkleidern, das
Mitgeschleppte weiter schleppen, wie, im
stehenden Verkehr, die Schläfen spüren, wie
soll ich hier am Bordstein hin in Görlitz Nacht.
Vom Kochen hier, im Frost, vom Haferschleim,
von Worten, einzeln, abgeschieden, von Trockenkeks
und -speise, hingelöffelt, vom abgeschnüffelten
Verschnitt, dem Leim. Wie soll ich hören, wie von
Plastiktüten reden, wie soll ich wandern, wie die Knochen
fassen, wie soll ich Schlaf, wie das Gegorene berühren.

*Nur zwei Koffer*

Was dort im Koffer liegt, sagst du, ist allein
mir bekannt: doch kein leichtes Rasierzeug,
die Borsten gelockert von Hand. Ein anderer,
brüchige Riemen, auch sein Inhalt

ungenannt, die Seife, die Klingen schienen
– aus Wien, Berlin, aus Kassel – uns
miteinander verwandt. Es bleiben nur
die zwei Koffer, Rasurfehler hier, und du: ich
stelle die Kinderfrage ebenso lautlos. Wozu.

## Inhalt

I

II

III

# Deutschsprachige Literatur
## in der edition suhrkamp:
## Lyrik

Deutschsprachige Literatur
in der edition suhrkamp:
Lyrik

## edition suhrkamp
### Eine Auswahl

# edition suhrkamp
## Eine Auswahl

## edition suhrkamp
### Eine Auswahl

## edition suhrkamp
## Eine Auswahl

316/5/6.93

# edition suhrkamp
## Eine Auswahl

## edition suhrkamp
### Eine Auswahl

## edition suhrkamp
### Eine Auswahl

edition suhrkamp
Eine Auswahl

16/9/6.93